Arne Harms
Infrastrukturen

D1665761

Dialektik des Globalen. Kernbegriffe

Herausgegeben vom Sonderforschungsbereich 1199 „Verräumlichungsprozesse unter Globalisierungsbedingungen" der Universität Leipzig, dem Leibniz-Institut für Geschichte und Kultur des östlichen Europa und dem Leibniz-Institut für Länderkunde

Band 2

Arne Harms

Infrastrukturen

—

DE GRUYTER
OLDENBOURG

Gefördert von der Deutschen Forschungsgemeinschaft

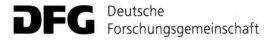

ISBN 978-3-11-064135-6
e-ISBN (PDF) 978-3-11-064562-0
e-ISBN (EPUB) 978-3-11-064166-0

Bibliografische Information der Deutschen Nationalbibliothek
Die Deutsche Nationalbibliothek verzeichnet diese Publikation in der Deutschen Nationalbibliografie; detaillierte bibliografische Daten sind im Internet über http://dnb.dnb.de abrufbar.

Inhalt

1 Einleitung

Infrastrukturen sind heute allgegenwärtig und doch oft kaum sichtbar.[1] Rohrleitungen sind über große Strecken im Erdreich oder der Wand verborgen. Sendemasten kleiden den Planeten in Datenflüsse ein, die mit menschlichem Sensorium nicht wahrnehmbar sind. Gleichzeitig sind einige Infrastrukturen, wie etwa Straßen, so omnipräsent und alltäglich, dass sie fast ins Vergessen abgleiten. Alltägliches Tun vollzieht sich fest eingezurrt in vielfältige solcher Infrastrukturen, oft auch in mehrere gleichzeitig. Und mit einigem Recht ließe sich behaupten, es gäbe weder Entkommen noch Entgleiten, also keinen Außenraum der Infrastruktur.

Gegenwärtig erleben wir eine schier atemberaubende Zunahme und Verdichtung an infrastrukturell geleisteten Verknüpfungen rund um den Planeten. Gleichzeitig sind Infrastrukturen selbst auch Gegenstand sozial- und geisteswissenschaftlicher Forschungsarbeiten geworden. Warum lohnt es sich über Infrastrukturen nachzudenken? Nachdem die Horizonte in der Neuzeit gleichsam abgesteckt, weiße Flecken auf der Landkarte eliminiert und Unlesbares eingehegt wurde, wurde zunehmend mehr Energie in die Erschließung und Verdichtung des Innenraums diesseits der Horizonte gelenkt. Nicht nur innerhalb der Spannen der Städte und der Staaten. Verknüpfung und Verzahnung als Projekt bedurfte Beschleuniger und Anschlussstellen zwischen territorialen Einheiten, und bettete diese damit in globale Zirkulationen ein. Doch diese stetig zunehmende Mobilität von Menschen und Dingen, und die stetig sich vertiefende Einbettung in globale Zirkulationen, bedeutet nicht, dass sich alles ins Flüchtige auflöst. Globalisierung durch die Lupe der Infrastruktur zu denken, erlaubt auch, die Metaphorik der Flüsse mit der der Strukturen zu verbinden. Wo postmoderne Theorie nur Strömungen und Beliebigkeiten sah, treten mit der Analytik der Infrastruktur Anordnungen und Architekturen in den Vordergrund, die Verflüssigtes in historisch sedimentierten und tatsächlich materiell zementierten Bahnen lenken. Mit anderen Worten, die Verflüssigung wird zum Gegenstand von Kanälen, Bahnen und Leitungen; sowie von Flutmauern, Netzen und Sonargeräten. Kurz, die Zentralität der Infrastruktur zeigt die Zentralität der *geleiteten* Bewegung und Verknüpfung an. Allerdings berührt die kaum noch überschaubare Menge an Studien zum Thema die Frage nach Verräumlichungsprozessen, wenn überhaupt, dann stets nur am Rande. Dieser Text setzt an dieser Lücke an und thematisiert Infrastrukturen als Instrumente und Medien der Verräumlichung. Die Vielfalt der Infra-

1 Ich bedanke herzlich mich bei zwei anonymen Gutachtern und Ursula Rao für ihre wertvollen Hinweise zur Verfeinerung des Arguments und zur Straffung des Textes.

https://doi.org/10.1515/9783110645620-001

strukturen zusammengenommen mit der Heterogenität der Positionen zu diesen Gefügen erfordert eine Eingrenzung. Diese erfolgt hier indem ethnologische Studien ins Zentrum gerückt werden, wobei ihre Einbettung in einen interdisziplinären Dialog mitberücksichtigt wird.

Der Begriff der Infrastruktur formierte sich im Frankreich des ausgehenden 19. Jahrhundert unter Eisenbahnern und Ingenieuren. Er bezeichnet anfangs Dinge wie Trassen, Schwellen oder Dämme, die die Grundlage eines modernen Bahnnetzwerkes darstellen.[2] Im 20. Jahrhundert dann fand der Begriff Eingang in die Militärsprache und umfasste Bauten, die die Manövrierfähigkeit und Schlagkraft von Armeeverbünden sicherstellen sollten, wie beispielsweise Trainingslager und Stützpunkte. Schließlich erfuhr der Begriff im ausgehenden 20. Jahrhundert eine zum Teil metaphorische Ausweitung, und bezeichnet nun vielfältige Materialitäten und Kanäle, die die Mobilität von Menschen, Dingen und Ideen erst ermöglichen.

Im Sinne einer Periodisierung gilt Infrastruktur einigen als Charakteristikum der Moderne,[3] da nie zuvor so viele Menschen angeschlossen waren; nie gab es einen solchen Reichtum an verschiedenen Typen und keine solche Reichweite einzelner Infrastrukturtypen. Dementgegen lässt sich auch argumentieren, dass nicht erst die westliche Moderne jene Klasse von Dingen und Arrangements hervorgebracht hat, die als Infrastrukturen fungieren. Zahllose Gesellschaften haben Pfade und Straßen oder Kanäle und Brücken angelegt, die die Zirkulation oder Aufbewahrung von Menschen, Gütern oder Ideen erlauben.[4] Ob Infrastrukturen Grundelemente alle gesellschaftlichen Ordnungen sind, ist eine legitime Frage. In noch weiter zugespitzter Form könnte gefragt werden, ob Infrastrukturen allein menschliche Errungenschaften sind – denn auch Tiere bringen Bauten wie Pfade und Brücken hervor.[5] Französische Denker im Speziellen weiten den Geltungsbereich des Begriffs Infrastruktur daher radikal aus. So sehen einige Landschaften als Infrastrukturen an, da erstere durch Menschen geformte Natur

---

2 A. Carse, „Keyword: infrastructure: How a humble French engineering term shaped the modern world", in P. Harvey, C.B. Jensen und A. Morita (Hrsg.) *Infrastructures and Social Complexity*, London: Routledge, 2016, pp. 45–57; D. Van Laak, „Der Begriff „Infrastruktur" und was er vor seiner Erfindung besagte", *Archiv für Begriffsgeschichte* 41 (1999): pp. 280–99.

3 D. van Laak, *Alles im Fluss: Die Lebensadern unserer Gesellschaft – Geschichte und Zukunft der Infrastruktur*, Frankfurt am Main: S. Fischer Verlag, 2018.

4 J. Niewöhner, „Anthropology of infrastructures of society", *International Encyclopedia of the Social & Behavioral Sciences*, Amsterdam: Elsevier, 2015, pp 119–25.

5 siehe beispielsweise zu Ameisen B. Hölldobler und E.O. Wilson, *The Ants*, Harvard University Press: Cambridge, 1990, pp. 279–88.

darstellen und auf gesellschaftliche Bedürfnisse hin organisiert werden.[6] Diese Lesart verweist auf die Tendenz französischer Marxisten, wie der Anthropologe Maurice Godelier, die Marx'sche Basis und Infrastruktur in eins zu setzen. Hier erscheint die Gesamtheit ökologischer, sozialer und ideeller Gegebenheiten, insofern sie die Reproduktion der Gesellschaft ermöglicht, selbst als Infrastruktur.[7] Dies mag etwas zu weit gehen; aber die darin artikulierte Anerkennung der Vielgestalt infrastruktureller Dinge ist wegweisend für die gegenwärtige Art, Infrastruktur zu denken.

In der folgenden systematischen Diskussion geht es um Infrastrukturen als, wie Dirk van Laak sie definiert,[8] „alles Stabile, das notwendig ist, um Mobilität und einen Austausch von Menschen, Gütern und Ideen zu ermöglichen." Nach Infrastrukturen zu fragen, leitet den Blick damit nicht nur auf Dinge, sondern auf jene soziomaterielle Arrangements, die die Zirkulation von Dingen überhaupt erst ermöglichen, mithin also auf, wie Brian Larkin treffend formuliert,[9] die „grounds on which other objects operate". In der Literatur werden immer wieder drei Charakteristika benannt. So sind Infrastrukturen, erstens, modular und können also per Baukastenprinzip erweitert werden. Zweitens sind Sie skalierbar (*scaleable*), das heißt, ihre Reichweite kann erweitert werden und sie können Teil räumlicher Verknüpfungen sein. Und, drittens, handelt es sich bei ihnen um netzwerkartige Gebilde, die Verdichtungen und Knotenpunkte aufweisen, und oft aufeinander aufgesattelt sind.

Damit sind Infrastrukturen – so die leitende These dieses Essays – Instrumente und Medien der Verräumlichung. Indem sie bestimmte gesellschaftliche Entscheidungen abbilden, sind sie nicht nur Mittel und Gegenstand heftiger politischer Aushandlungsprozesse,[10] sondern Vehikel der Hervorbringung und Stabilisierung räumlicher Ordnung. Infrastrukturen nehmen nicht nur selber Raum ein, sondern bringen Räume als solche erst hervor. Die Genese von Stadt-

---

6 P. Bélanger, „Is landscape infrastructure?", in G. Doherty and C. Waldheim (Hrsg.), *Is Landscape...? Essays on the Identity of Landscape,* Routledge: London, 2015, pp. 204–41.

7 M. Godelier, *The Mental and the Material: Thought Economy and Society,* London: Verso Books, 1986; M. Godelier u. a., „Infrastructures, Societies, and History [and Comments]", *Current Anthropology* 19, Nr. 4 (1978): pp. 763–71.

8 Laak, *Alles im Fluss,* p. 13.

9 B. Larkin, „The politics and poetics of infrastructure", *Annual Review of Anthropology* 42 (2013): p. 329.

10 A. Baviskar, *In the Belly of the River: Tribal Conflicts over Development in the Narmada Valley,* New Delhi: Oxford University Press, 2004; L. Coleman, *A Moral Technology: Electrification as Political Ritual in New Delhi,* Ithaca: Cornell University Press, 2017; A. von Schnitzler, *Democracy's Infrastructure: Techno-Politics and Protest after Apartheid,* Princeton: Princeton University Press, 2016.

teilen, zum Beispiel, ist eng mit dem Ausbau von Infrastrukturen verknüpft.[11] Pointiert könnte man sagen, dass es ohne die Entwicklung und Implementierung von Wasserversorgungssystemen, der Abwasserwirtschaft, der Nahverkehrs und der Stromanbindung, Städte in ihrer jetzigen Form nicht gäbe. Das gleiche gilt für Nationalstaaten. Ihre Territorien werden durch Infrastrukturen gestaltet, institutionalisiert und gesichert, und damit als solche erst gemacht. Schließlich ist das Erleben einzelner Räume geprägt durch die Inbetriebnahme und tatsächliche Nutzung von Infrastrukturen. Dies betrifft etwa die Erschließung des Stadtraumes als Fußgänger auf asphaltierten Straßen oder die Nutzung von Verkehrsmitteln.[12] Es betrifft auch alltägliches Erleben. So zeigt der Technikphilosoph Peter-Paul Verbeek, wie sehr im Hintergrund arbeitenden Heizungen oder Klimaanlagen, die wiederum Teil von Infrastrukturnetzwerken sind, die verkörperte Wahrnehmung wesentlich beeinflussen.[13] Gleichzeitig eröffnet die Analyse von Alltagswelten im Schatten von Infrastruktur den Blick für jene Räume, die durch sie alltäglich produzieren werden, und wie durch die kanalisierte Praxis konkrete Wahrnehmungen von Orten vermittelt und diese schließlich affektiv aufgeladen werden.[14]

Indem der Sonderforschungsbereich 1199 intersubjektive Formen der Herstellung von räumlicher Ordnung untersucht,[15] ermöglicht er ein Verständnis dafür, wie Räume gebaut, wahrgenommen, verfestigt und verändert werden. Eine kleine Zahl der beobachtbaren Verräumlichungen gerinnen in stabile, intersubjektive relevante Formen, die Gesellschaftsformen organisieren.[16] Diese als Raumformate bezeichneten Formen sind z. B. Nationalstaaten, Imperien, (Handels-) Netzwerke, Enklaven oder Regionalismen.[17] Sie fügen sich zu historisch spezifischen Raumordnungen zusammen. Räume in ihrer konkreten erfahrbaren

---

11 M. Gandy, *Fabric of Space: Water, Modernity, and the Urban Imagination*, Cambridge, MA: The MIT Press, 2014; E. Swyngedouw, *Social Power and the Urbanization of Water: Flows of Power*, Oxford: Oxford University Press, 2004.

12 M. de Certeau, *Kunst des Handelns*, Berlin: Merve-Verlag, 1988.

13 P.-P. Verbeek, *What Things Do: Philosophical Reflections on Technology, Agency, and Design*, University Park: The Pennsylvania State University Press, 2010.

14 S. Low, *Spatializing Culture: The ethnography of space and place*, London: Routledge, 2016; N. D. Munn, „Excluded spaces: The figure in the Australian Aboriginal landscape", *Critical inquiry* 22, Nr. 3 (1996): pp. 446 – 65.

15 Mehr zum SFB hier: https://research.uni-leipzig.de/~sfb1199/

16 M. Middell, *Raumformate: Überlegungen zu einer unvollständigen Liste historischer Phänomene*, Working Paper Series des SFB 199 an der Universität Leipzig, im Erscheinen.

17 U. Engel, *Regionalismen*, Berlin: De Gruyter, 2018; A. Harms, „Accretive Enclaves: Carbon Sequestration and Market-based Conservation in India", in *Working paper series des SFB 1199 an der Universität Leipzig, Nr. 12*, 2018; M. Maruschke, „Zones of reterritorialization: India's free trade zones in comparative perspective, 1947 to the 1980s", *Journal of Global History* 12 (2017): pp. 410 – 32.

Weise sind materiell vermittelt, wobei die Materialien ihrer Herstellung wiederum auf Raumvorstellungen (wie Raumformate) zurückwirken. Im Folgenden erlaubt eine analytische Unterscheidung zwischen drei Infrastrukturtypen einen Überblick über den Beitrag, den Infrastrukturen zur Erzeugung stabiler und folgenschwerer Räume leisten.

Der Essay setzt als ersten Infrastrukturtypen jene in die Landschaft eingelassene Bauten, die die Zirkulation von Menschen, Dingen und Ideen materiell erst erlauben. Brücken gehören zu dieser Kategorie, wie auch Kabeltrassen oder elektromagnetische Wellen. Die zweite Kategorie umfasst Infrastrukturen der Datenzirkulation. Sie sind jüngeren Datums, und dienen der Erhebung, Verfügbarmachung und dem Speichern bestimmter Daten. Im Gegensatz zu Wasser und Strom verbrauchen sich Daten nicht. Sie können endlos kopiert und so zahllosen an Dateninfrastrukturen angeschlossenen Endnutzern zur Verfügung gestellt werden. Die dritte Form der Infrastruktur sind Standards, die Eigenschaften von Dingen festlegen und sie damit zur Zirkulation innerhalb der Sphären ihrer Gültigkeit befähigen. Standards sind also indirekt wirkende Infrastrukturen, die als solche Zonen abbilden und weiter hervorbringen. Während Infrastrukturen im ersten und zweiten Sinne Zugang zu Fliessräumen schaffen,[18] hebt die dritte Kategorie die Bedingungen hervor, unter denen materialisierte Infrastrukturen genutzt werden können. Im Folgenden werden diese drei Typen detaillierter umschrieben, und ihre raummachende Wirkung erörtert. Diese Beschreibung ist gerahmt von einer vorgelagerten Diskussion zur Modalität der Untersuchung von Infrastrukturen und einer zweigeteilten, abschließenden Betrachtung zur Zeitlichkeit von Infrastrukturen.

---

18 Laak, *Alles im Fluss.*

2 Ding, Zeichen und Tun: Nachdenken über Infrastrukturen

Infrastrukturen tendieren dazu, aus dem Blick zu verschwinden. Vielerorts werden sie aufwändig versteckt, buchstäblich vergraben. Gleichzeitig geraten sie, wie alles Konstante und Alltägliche, dort schnell in Vergessenheit, wo sie zuverlässig arbeiten. Dennoch sind sie elementar für die Erfahrung der Gegenwart und lassen sich methodisch aus drei Perspektiven in den Blick nehmen, nämlich als Objekte, Zeichen und Praktiken der Herstellung von Verbindungen.

Zunächst erscheinen Infrastrukturen als Dinge, die technischen Gebilden zugerechnet werden und angelegt sind, um die Zirkulation von Menschen, Ideen und anderen Dingen zu gewährleisten. Das rege Interesse, das Infrastrukturen gegenwärtig erfahren, steht im Kontext der Betonung der Dinglichkeit des Daseins und zeugt von der Erkenntnis, dass materielle Dinge menschliche Entscheidungen nicht nur ausdrücken, sondern auch beeinflussen. Nachdem die Postmoderne – als philosophische Strömung – die Dinge gleichsam an den Rand gedrängt und der Sprache untergeordnet hat, stehen heute die Verzahnungen von Geist und Körper, von Rede und Materie wieder fest im Fokus. Darüber hinaus, und dies markiert für einige tatsächlich neuen intellektuellen Grund, wird nun den Dingen und Prozessen selbst eine Handlungsmacht zugestanden. Dinge gelten dann nicht nur als Ausdruck kultureller Kompetenzen oder Symbol, sondern drücken dem, was Menschen tun und wie sie es tun, ihren Stempel auf. Während einige Wissenschaftler die Handlungsmacht von Dingen und nichtmenschlichen Lebewesen innerhalb netzwerkartiger Verschränkungen untersuchen,[19] betonen andere den Aufforderungscharakter (*affordance*) von Objekten.[20] In beiden Perspektiven sind Dinge Vermittler sozialer Prozesse, also in stabile Form geronnenes Ergebnis sozialer Entscheidungen.[21] Sie zeichnen gleichzeitig

---

19 B. Latour, *We Have Never Been Modern*, Cambridge, MA: Harvard University Press, 1993; J. Law, „Actor Network Theory and Material Semiotics", in B. S. Turner (Hrsg.), *The New Blackwell Companion to Social Theory*, Malden, MA: Wiley-Blackwell, 2009.

20 S. Faraj und B. Azad, „The materiality of technology: An affordance perspective", *Materiality and organizing: Social interaction in a technological world* 237 (2012): 258; I. Hutchby, „Technologies, texts and affordances", *Sociology* 35, Nr. 2 (2001): pp. 441–56.

21 W.E. Bijker, T.P. Hughes, und T. Pinch, Hrsg., *The Social Construction of Technological Systems: New Directions in the Sociology and History of Technology*, Cambridge, MA: MIT Press, 2012; B. Latour, „Technology is society made durable", *The Sociological Review* 38, Nr. S1 (1990): pp. 103–31.

https://doi.org/10.1515/9783110645620-002

aber auch Nutzungsformen vor und können innerhalb andauernder Beziehungsgeflechte Einfluss ausüben auf menschliche Akteure.

Im Kontrast zu anderen soziotechnischen Gebilden oder Dingen, tun Infrastrukturen dies mit einer potentiell globalen Reichweite. Und trotz ihrer weitgehenden Unsichtbarkeit, sind mindestens moderne Gesellschaften in hohem Maße abhängig von Infrastrukturen und ihrem reibungslosen Funktionieren. Um diesem Paradox zu entgehen, und Infrastrukturen als Gebilde in ihrer Vielschichtigkeit zu untersuchen, schlagen Geoffrey Bowker und Susan Star eine Umkehrung des Blicks vor und die Nichtbeachtung von Infrastrukturen aufzugeben.[22] Es gilt, so fordern sie, in historischer Perspektive nachzuzeichnen, wie die Ausbreitung der Infrastrukturen gleichsam die Welt hervorgebracht hat. Oder andersherum: es ist zu zeigen, wie die Geschichte der Moderne eine der Ausweitung und Intensivierung unterliegender Strukturen der Beförderung, Zirkulation und Standardisierung ist. In dieser Perspektive geraten Pfadabhängigkeiten und Sedimentierungen in den Blick. So können beispielsweise Wechselwirkungen zwischen Prozessen der Urbanisierung und der Infrastrukturausdehnung in den Blick genommen werden – etwa, wenn Verkehrsknotenpunkte zu Städten anwachsen oder, anders herum, wenn fortschreitende urbane Verdichtung eine Intensivierung der Versorgungsnetze notwendig zu machen scheint. Nahtlos schließt sich daran für Geoffrey Bowker und Kollegen[23] an, nach den Entscheidungsprozessen zu fragen, die Infrastrukturen eine spezifische Form geben, und sie überhaupt erst an einem bestimmten Ort einlassen. Sie erscheinen dann zum Beispiel als Ausdruck und Folge politischer Entscheidungen, ästhetischer Ansprüche oder medizinischer Erwägungen, und müssen mit diesen zusammengedacht werden. Gleichzeitig erlaubt die Inversion als Modus es, nach den Folgen und Konsequenzen für alltagspraktische Bezüge zu fragen. Wie werden sie gesellschaftlich ausgehandelt, wie beziehen Menschen sich auf innovative Infrastrukturen und wie wird mit ihnen gelebt? Wie schreiben sie sich in den Alltag ein und wie verändern sie Konzepte von Selbst, Gemeinschaft, Technik oder Kultur? Mit Blick auf die Frage nach Raum stehen dann jene Modi der Reterritorialisierung zur Diskussion, die durch Techniken der Verknüpfung bestimmte Raumformate durchzusetzen oder zu gestalten bemüht sind.

---

22 G.C. Bowker und S.L. Star, *Sorting things out: Classification and its consequences*, Cambridge, MA: MIT Press, 2000.

23 Bowker, Geoffrey C., Karen Baker, Florence Millerand, und David Ribes. 2009. „Toward information infrastructure studies: Ways of knowing in a networked environment". In International handbook of internet research, herausgegeben von Jeremy Hunsinger, Lisbeth Klastrup, und Matthew Allen, 97–117. Dordrecht: Springer.

Zweitens hat es sich etabliert, Infrastrukturen als Zeichen zu lesen. So sind beredt geführte Debatten um Wasserversorgung oder Netzabdeckung selbst Diagnosen der Gegenwart, denn sie artikulieren Anforderungen an und sind Forum für die Imaginationen von Zukunft.[24] Infrastrukturanlagen fungieren hier als Indikatoren, insofern der Zustand der Netze anzeigt, wie es mit der Modernisierung und der Industrialisierung eines Landes oder einer Region bestellt ist. In einer Geographie der Verknüpfung werden Weltregionen auch entlang der Durchdringung und der Verlässlichkeit ihrer Infrastrukturen klassifiziert und ergeben eine Aufteilung der Welt in angeschlossene und abgehängte Teile. Schließlich dienen Infrastrukturmaßnahmen Gesellschaften oder Staaten dazu, sich ihrer selbst zu vergewissern, Entwicklungspfade einzuschreiben oder Visionen zukünftiger Gesellschaften anzuzeigen.[25] Mitunter sollen sie auch Zugehörigkeit zur Gruppe entwickelter Nationen signalisieren, die gekennzeichnet zu sein scheint von visuell beeindruckende Formen gigantischer Infrastrukturen.[26] Im historischen Querschnitt des Langen 20. Jahrhunderts scheint das Pendel von Euphorie hin zu beständig vorgetragenen Klagen über Unzulänglichkeit ausgeschlagen zu sein.[27] Wo in die Unabhängigkeit entlassene Nationen sich ihrer Selbst versicherten und eine ganz andere Zukunft heraufbeschworen per riesenhafter Infrastrukturbauprojekte, wie etwa in Jawahrlal Nehrus berühmtem Diktum von Staudämmen als den Tempeln des modernen Indiens,[28] da sind Netzwerke heute immer wieder Gegenstand der Diagnose des Versagens und der Unzulänglichkeit.

Auch diese Lesart von Infrastrukturen rückt räumliche Dimensionen in den Vordergrund. Zunächst natürlich in dem es eine Hierarchisierung von Räumen nachzeichnet. Als Zeichen steht die Deckung und Durchdringung einzelner Regionen durch Netze, Trassen oder Datenbanken für Anschluss und damit für Moderne. Als Zeichen fungieren Infrastrukturen dann oft auch als Moment der Verständigung darüber, wer die gesellschaftlichen Geschicke leiten soll: der Staat oder der Markt. Dies hat raumprägende Folgen, denn die Feinjustierung des komplexen Verhältnisses zwischen Staat und Markt, und dann zwischen natio-

---

24 S. Jasanoff und S.-H. Kim, „Sociotechnical imaginaries and national energy policies", *Science as Culture* 22, Nr. 2 (2013): pp. 189–96; Laak, *Alles im Fluss*.

25 H.C. Appel, „Walls and white elephants: Oil extraction, responsibility, and infrastructural violence in Equatorial Guinea", *Ethnography* 13, Nr. 4 (2012): pp. 439–65; N. Khan, „Flaws in the Flow: Roads and their modernity in Pakistan", *Social Text* 24, Nr. 4 (2006): pp. 87–113.

26 J. Ferguson, *Global Shadows: Africa in the Neoliberal World Order*, Durham: Duke University Press, 2006.

27 Laak, *Alles im Fluss*.

28 J. Nehru, *Jawaharlal Nehru's Speeches Vol. 3 March 1953-August 1957*, New Delhi: Ministry of Information and Broadcasting, 1958, p. 1.

nalen Bürokratien, global agierenden Marktakteuren und Bürgern bedingt Fragen der Regierbarkeit von Territorien.[29]

Die dritte Lesart – neben Infrastrukturen als fertigen Objekten oder Zeichen – interessiert sich für Prozesse der Herstellung von Objekten und ihren Verbindungen. Anstelle von Infrastruktur wird dann in der Verbformen nach Praktiken des Infrastrukturierens (*infrastructuring*) gefragt.[30] Damit geraten einerseits experimentelle Arrangements der Anpassung von Technologien an lokale Gegebenheit in den Blick, und andererseits die Vielgestaltigkeit dessen, was Verbindungen schafft. Die Verbform artikuliert die Bedeutungszunahme von Praktiken in den Geistes- und Sozialwissenschaften und trägt der Ausweitung der Untersuchungsgegenden Rechnung. Es stehen nun vielfältige Verschränkungen im Vordergrund – die Art und Weise wie globale Prozesse Handeln in Alltagsbezügen prägt, wie sich globale Prozesse in nationalen, regionalen und lokalen Bezügen brechen,[31] und wie, andersherum, globale Anliegen in lokalen Zusammenhängen geformt werden.[32] Diese Perspektive rückt Modalitäten der Verknüpfung in den Vordergrund, und damit nicht zuletzt Infrastrukturen, die als besonders stabile Verknüpfungen beschrieben werden.

---

29 B. Jessop, „Territory, Politics, Governance and Multispatial Metagovernance", *Territory, Politics, Governance* 4, Nr. 1, 2016, pp. 8–32.
30 A. Blok, M. Nakazora, und B.R. Winthereik, *Infrastructuring environments*, London: Taylor & Francis, 2016; C. Bossen und R. Markussen, „Infrastructuring and ordering devices in health care: Medication plans and practices on a hospital ward", *Computer Supported Cooperative Work (CSCW)* 19, Nr. 6, 2010: pp. 615–37; S. Calkins und R. Rottenburg, „Evidence, infrastructure and worth", in P. Harvey, C.P. Jensen und A. Morita (Hrsg.) *Infrastructures and Social Complexity: A Companion*, London: Routledge, 2016; J. Niewöhner, „Perspektiven der Infrastrukturforschung: care-full, relational, ko-laborativ", in D. Lengersdorf und M. Wieser (Hrsg.) *Schlüsselwerke der Science & Technology* Studies, Dordrecht: Springer, 2014, pp. 341–52.
31 siehe etwa N.G. Schiller und A. Çaglar, Hrsg., *Locating Migration: Rescaling Cities and Migrants*, Ithaca: Cornell University Press, 2011.
32 A.L. Tsing, *Friction: An Ethnography of Global Connection*. Princeton: Princeton University Press, 2005.

3 Asphalt, Stahl und Algen: Infrastrukturen als Bauten

Ein Großteil bestehender Infrastrukturen sind Bauten, und diese sollen hier als der erste Infrastrukturtyp gelten. Grauer Asphalt in der Form von Autobahnen verknüpft Ballungszentren und lässt, in seiner Kapillarform als enge Gasse, Verkehr zu Wohnräumen gleiten. Kupferne Rohre bohren sich durch Gemäuer und tragen Wasser von Hauptleitungen in Nasszellen und wieder zurück. Sendemasten recken sich in den Himmel und verbinden Telefon- oder Fernsehkunden. Zusammengenommen erlauben diese Bauten die Zirkulation von Personen, Dingen und Ideen auf jeweils unterschiedlich Art und Weise, und entsprechend einer eigenen Logik. Gleichzeitig sind diese Bauten aus heterogenen Teilen zusammengesetzt und werden von solchen am Laufen gehalten. Autobahnen bestehen nicht nur aus Asphalt, sondern auch aus Schrauben, Dichtungsringen, Kabeln und Schmiermitteln. Sie verfügen über Fundamente, Sockel, Aufhängungen oder Brücken. Für den Erhalt und die Wartung bedarf es Schilder und einer Autobahnmeisterei; an der Erstellung sind Ingenieure, Planer und technische Zeichner beteiligt. Infrastrukturbauten umfassen also eine Vielzahl von Menschen, Dingen und Ideen, die zueinander in Beziehung treten. Autobahntrassen haben auch einen Kontext, sie sind in die Landschaft eingelassen und ihr Funktionieren und Fortbestehen hängt davon ab, ob diese Einbettung zweckmäßig organisiert ist. Tektonische Verschiebungen etwa, können Rohrleitungen und Trassen bersten lassen, Erdrutsche lassen Straßen kollabieren und die massenhafte Anlagerung von Sedimenten bringt Hafenanlagen zum Straucheln. Das Funktionieren und Fortbestehen von Infrastrukturen hängt also wesentlich davon ab, ob die Reibung zwischen Bauprojekt und Biosphäre gering bleibt. Das Diktum, dass es kein Außen der Infrastruktur gibt, scheint sich hier in kleinerem Maßstab zu wiederholen. Denn wenn dynamische Landschaften mitbedacht und in den Aufbau der Infrastrukturen gleichsam integriert werden müssen, dann kann die Landschaft selbst als ein Teil derselben gesehen werden.[33] Als Störfaktor, Limitierung oder als formendes Element.

Andere Infrastrukturen haben sich in ihrem alltäglichen Funktionieren als direkt abhängig von ökologischen Prozessen erwiesen. So machen sich etwa Hafenanlagen die Gezeiten zunutze um Transportflüsse zu optimieren. In seiner Untersuchung zum Panama Kanal verdeutlicht der Geograph Ashley Carse die

---

33 A. Barry, „Infrastructure and the Earth", in P. Harvey, C.B. Jensen, und A.Morita (Hrsg.), *Infrastructures and Social Complexity: A Companion*, London: Routledge, 2017.

https://doi.org/10.1515/9783110645620-003

Abhängigkeit dieser Anlage von steter Zufuhr an Süßwasser, das für den Transport jedes Schiffes durch die zahlreichen Hebewerke und Schleusen des Kanals in großen Mengen benötigt wird. Um diese enormen Wassermengen sicherzustellen, ist die Umlenkung der Süßwasservorkommen in den an Schleusen angrenzende Flussläufe, ebenso wie die Etablierung eines Wassermanagements in den angrenzten Wäldern notwendig.[34] Durch die Linse des Wasserverbrauchs gesehen, reicht die Infrastruktur damit weit über die Ränder des Kanals hinaus und bringt ein Ensemble spezifisch geformter und angeschlossener Räume – z. B. Wälder und Flusslandschaften – hervor. Und indem das Umland selbst angeschlossen wird, lösen sich Grenzen zwischen der Infrastruktur als Artefakt und dem Hinterland auf.

Diese Dezentrierung weg vom Artefakt und modernen Technologien setzt sich im Kleinen fort. So sind Rohrsysteme und Stauräume der Abwasser- und Müllentsorgung in Städten Arena erstaunlicher Biodiversität. Mikroben, Pilze, Algen und die Wurzeln von Pflanzen stechen durch porös gewordene Einfassungen werden nun als Teil von Infrastrukturen thematisiert, z. B. da sie Abfälle zersetzen und so mitunter einen wesentlichen Beitrag leisten. Analytisch könnte hier getrennt werden zwischen Infrastrukturen, die biotische Formen bewusst involvieren, wie etwa Bakterien zur Zersetzung von Müll.[35] Und andererseits solchen, in denen die Leistungen biotischer Formen nicht forciert und oft auch kaum bemerkt werden, wie etwa bei Algen in Abwassernetzen.[36] Jedoch sind in beiden Fällen Organismen nicht nur präsent, sondern Bestandteil arbeitender Infrastruktur und beeinflussen die verräumlichenden Effekte da sie in den meisten Fällen gleich mehrere Verknüpfungen schaffen. Sie schließen Räume aneinander, wenn etwa Abwasserrohrleitungen Orte miteinander verbinden. Gleichzeitig knüpfen sie verschiedene Materialitäten aneinander, wenn etwa an einem Ende eine Ressource verfügbar gemacht und am anderen Ende diese verknappt wird. In diesem Sinne sind Infrastrukturen Modalitäten des Austauschs zwischen verschiedenen Räumen und prägen beide. Drittens können Infrastrukturen Menschen miteinander zu Gruppen verknüpfen und so Öffentlichkeiten hervorbringen. So werden nationale Straßenbauprojekte etwa als Mittel beschrieben, nationale Bevölkerungen als solche überhaupt erst hervorzubringen, also ein Zusammengehörig-

---

34 A. Carse, „Nature as Infrastructure: Making and Managing the Panama Watershed", *Social Studies of Science* 42, Nr. 4 (2012): pp. 539–63.
35 J.O. Reno, *Waste Away: Working and Living with a North American Landfill*, Berkeley: University of California Press, 2016.
36 C.B. Jensen, „Multinatural Infrastructure and Phnom Penh Sewage", in P. Harvey, C.B. Jensen, und A.Morita (Hrsg.), *Infrastructures and Social Complexity: A Companion*, London: Routledge, 2017

keitsgefühl buchstäblich zu zementieren.[37] Andernorts bilden Menschen neue Öffentlichkeiten, wenn sie den Anschluss ihrer Nachbarschaft an Netze entlang politischer Kanäle einfordern, oder wenn sie sich gegen negativ erlebte Folgen von Infrastrukturprojekten mobilisieren.[38]

37 Laak, *Alles im Fluss*, p. 24.
38 S. J. Collier, J.C. Mizes, und A. von Schnitzler, Hrsg., *Public infrastructures/infrastructural publics*, Bd. 7, limn, 2016; M. Burchardt und S. Höhne, „The infrastructures of diversity: Materiality and culture in urban space – an Introduction", *New Diversities* 17, Nr. 2 (2016): pp. 1–13.

4 Datenfliessräume

Der zweite Infrastrukturtyp ist die Dateninfrastruktur. Grundsätzlich haben sich Dateninfrastrukturen lange nicht sonderlich von anderen, eher konventionellen Infrastrukturen unterschieden. Impulse, wie Morsezeichen oder Sprachnachrichten, wurden durch Leitungen gejagt, an einem Ende aufgegeben und am anderen Ende empfangen. Auch hier haben sich über die Jahre modulare Ansätze etabliert, die per Baukastenprinzip aneinandergeknüpft werden und so eine graduelle Erhöhung der Reichweite des Netzwerkes erwirken können. Ab der zweiten Hälfte des 20. Jahrhunderts jedoch haben Dateninfrastrukturen Eigenschaften angenommen, die es gestatten, sie als eigenen Infrastrukturtypen zu beschreiben. Durch die zunehmende Bedeutung von Datenspeicherung werden Daten nicht nur verflüssigt, um hin und her gespült zu werden, sondern auch in Sammlungen eingeschrieben. Speichermedien stehen zur Verfestigung und Lokalisierung von Daten bereit; und Datenbanken zur Einordnung und Verschlagwortung. Derartig angelegt und katalogisiert, können einzelne Datensätze durch Kopieroperationen jederzeit und fehlerfrei – so das Versprechen digitaler Dateninfrastrukturen – mobilisiert werden und potentiell unendlich oft durch den Datenfliessraum geschossen werden. Einschreibung ist für diese Infrastrukturen damit nicht das Gegenteil von Zirkulation, sondern oft gerade die Bedingung einer reibungslosen und verstetigten Zirkulation.

Andererseits begannen sich über die Jahre die Art und Anzahl von Geräten für Einspeisung und Abrufung zu multiplizieren. Im Laufe des 20. Jahrhunderts sind stetig neue Sensoren entwickelt wurden, die bald eigenständig und pausenlos Daten einspeisten. In einigen Bereichen der Wissenschaft haben sie Menschen abgelöst, und damit fast gänzlich von der redundanten Arbeit das Datengenerierens befreit. Wissenschaftliche Praxis besteht dann mehr in der Entwicklung von sinnvollen Arrangements von Sensoren, der Kontrolle und natürlich der Analyse von Datensätzen. Die Allgegenwart des Smartphones markiert nur den jüngsten Höhepunkt dieses Trends, kombiniert es Empfang mit Datengenerierung durch intelligente Sensoren und Einspeisung ins Netz.

Der Ausbau der Netze und die Vervielfältigung der Sensoren sind weltumspannend. Mit dem Internationalen Geophysikalischen Jahr (1957/58), und unterfüttert von der Politik des Kalten Krieges, wurden Infrastrukturen der Datenerhebung, Zirkulation und Speicherung entwickelt, die den Globus in seiner Gesamtheit fassen sollten. Der Historiker Paul Edwards[39] beschreibt diese Ent-

---

39 P.N. Edwards, „Meteorology as infrastructural globalism", *Osiris* 21, Nr. 1 (2006): pp. 229 – 50;

https://doi.org/10.1515/9783110645620-004

wicklung als infrastrukturellen Globalismus (*infrastructural globalism*). Diese Infrastrukturen erlauben damit, die Erde als Ganzes zu denken, und als Raum, der idealerweise einer vereinheitlichenden Verdichtung von Infrastrukturen unterzogen werden kann. Gleichzeitig erlaubt dieser Globalismus Rückschlüsse über eine bestehende Raumordnung, in dem er Verdichtungen anzeigt, sowie Ausdehnungen und Bruchzone zwischen den Materialisierungen einzelner Raumformate.

Die Ausweitung, und die spezifischen Charakteristika, des Netzes ist gebunden an politische Entscheidungen, Zugangsmöglichkeiten, vorherige Präsenz anderer Infrastrukturen und natürlich der Wegbarkeit des Terrains. So zeichnet etwa der Ethnologe Peter Taber[40] nach, wie die Genese einer datengestützten Wissensinfrastruktur zur Biodiversität im Amazonasbecken abhängig war vom Vorstoß multinationaler Ölkonzerne in das Waldgebiet. Die Forscher folgten ganz buchstäblich den Traktoren und Motorsägen, erhoben Daten an gefallenen Bäumen und speisten diese ins Netz ein. Gleichzeitig ist die Gegenwart weiterhin bestimmt von aufgefaserten und überlappenden Dateninfrastrukturen im Plural. Dateninfrastrukturen sind oft geschlossene Systeme. Dateneinspeisung und Datenzugang exklusiv zu gestalten kann – wie im kalten Krieg – eine Folge geopolitischer Erwägungen sein oder auf sicherheitstechnische Fragen reagieren, wie etwa bei Dateninfrastrukturen der Polizei oder privatwirtschaftlicher Sicherheitsfirmen. Derartige Infrastrukturen der Überwachung sind selbst Ausdruck und Vehikel von Verräumlichungsprozessen. So sind staatliche Dateninfrastrukturen nationalen Territorien aufgesattelt. Und auch dort wo sie dies nicht sind, etwa in transnationalen Überwachungsregimes im Zeitalter des Drohnenkrieges, agieren sie als Mittel, eine Raumordnung zu verfestigen. So sollen sie helfen, Hoheit zu sichern und etwa das Bersten einer Raumordnung oder die Unterminierung von Raumformaten durch Aufständische zu unterbinden.

Andere Dateninfrastrukturen sind weniger exklusiv denn inkompatibel. Dies kann Folge spezifischer Pfadabhängigkeiten der Entwicklung und Implementierung sein, wenn etwa bestimmte Steckertypen oder Datenbankaufbauprinzipen mit anderen nicht harmonieren und Akteure zwischen diesen vermitteln müssen.[41]

P.N. Edwards, *A Vast Machine: Computer Models, Climate Data, and the Politics of Global Warming*, Cambrdige, MA: MIT Press, 2010.

40 P. Taber, „Infrastructures of environmental governance", *Anthropology Today* 33, Nr. 6 (2017): pp. 16–20.

41 J. Vertesi, „Seamful Spaces: Heterogeneous Infrastructures in Interaction", *Science, Technology & Human Values* 39, Nr. 2 (2014): pp. 264–84.

5 Zonen der Interoperabilität

Das Spektrum der Infrastrukturen umfasst neben Dingen und Personen, die vermitteln auch Standardisierungen, Zertifizierungen und Qualitätssicherungen. Sie als Infrastrukturen zu verstehen erlaubt es, sie auf ihr Potential hin zu befragen, Raumordnungen hervorzubringen. Technologien der Standardisierung, Zertifizierung und der Qualitätssicherung bieten jeweils eine Antwort auf das Problem der Vielgestaltigkeit und Uneindeutigkeit und helfen Komplexität zu reduzieren, indem sie Gleichförmigkeit und Vergleichbarkeit etablieren. Ein naheliegendes Beispiel betrifft die Standardisierung von Maßeinheiten. Länge oder Gewicht von Handelsware nicht mehr durch vielfältige, jeweils lokale Maßeinheiten zu bestimmen, sondern durch eine einzige, übergeordnet gültige Einheit, fördert die Intensivierung der Güterzirkulation und gestattet eine effektivere Kontrolle durch staatliche Bürokratien.[42] Standardisierungen agieren schon in diesem Beispiel als gleichsam umgekehrte Infrastrukturen. Sie befördern die Zirkulation nicht durch Umschluss und Transport von Dingen, sondern indem sie Voraussetzungen für die Annahme, Erkennbarkeit oder Passgenauigkeit von zu zirkulierenden Dingen schaffen. Gleichzeitig konstituiert die Einführung einer standardisierten Maßeinheit einen Raum innerhalb dessen z. B. Länge oder Gewicht auf diese oder jene Art beschrieben wird; ein Raum also innerhalb dessen das Lösungsangebot der Standardisierung stabil ist und durch Akteure vorausgesetzt werden kann. Die Reichweite des Standards kann somit selbst zur Maßeinheit dafür werden, wie weit der Einflussbereich einer gegebenen Administration reicht oder welche Märkte und damit Räume eine Firma beherrscht.[43] Trinkwasserversorgung ist ein mögliches Beispiel. Sie besteht aus mehr als nur dem Anlegen, Betreiben und Befüllen von Wasserleitungen, denn sie beinhaltet auch die Einhaltung von Trinkwasserstandards.

Materiell erstellte Verknüpfung und das Wirken der Standardisierungen sind in vielen gegenwärtigen Infrastrukturen eng miteinander verwoben und daher nur analytisch zu trennen. Standardisierungen können auch infrastrukturierende und verräumlichende Dimensionen aufweisen, wenn sie nicht an spezifische Rohrleitungen oder Kabeltrassen geknüpft sind. Dies geschieht beispielsweise in der wissenschaftlichen Praxis. Im Austausch zwischen einzelnen Laboren etwa wer-

---

42 J.C. Scott, *Seeing Like a State: How Certain Schemes to Improve the Human Condition Have Failed*, New Haven: Yale University Press, 1998.
43 A. Carse und J.A. Lewis, „Toward a political ecology of infrastructure standards: Or, how to think about ships, waterways, sediment, and communities together", *Environment and Planning A* 49, Nr. 1 (2016): pp. 9–28.

https://doi.org/10.1515/9783110645620-005

den – idealerweise – nicht jedwede numerische Werte, Graphen oder Beschreibungen kontextunabhängig als gleichwertig anerkannt, und damit nicht gleichermaßen zu Evidenz gekürt. Vielmehr werden nur solche Ergebnisse berücksichtigt, die auf standardisierten Praktiken beruhen.[44] Erst dann können sie als gültig anerkannt und inkorporiert, sowie schließlich in zukünftige Versuchsanordnungen integriert werden. In gehabter Manier satteln ‚Infrastrukturen der Evidenz‘, wie Sandra Calkins und Richard Rottenburg sie beschreiben,[45] auf baulichen Infrastrukturen (wie Internet oder Strom) auf. Und sie bringen Zonierungen wissenschaftlicher Güte, sowie Räume der Interoperabilität von Ergebnissen hervor. Analog zu den Maßeinheiten beschreibt die Reichweite geteilter Standards wissenschaftlicher Praxis einen Raum erleichterter, flüssigerer Verständigung, Lesbarkeit und gegenseitiger Anschlussfähigkeit, der die Zirkulation von Expertise, Instrumenten und Akteuren befördert – zunächst unabhängig von materiellen Verknüpfungen. Kurz, Standards erlauben eine Vergleichbarkeit und Verrechenbarkeit über große Entfernungen hinweg und binden – anders herum – Akteure in räumlichen Konstellationen aneinander.

Der Soziologe Andrew Barry[46] spricht hier von technologischen Zonen. Einzelne Standards, Zertifizierungen und Qualitätsstandards sind von unterschiedlicher Reichweite, die zu Zonen gerinnen. Diese Zonen können deckungsgleich mit politischen Territorien sein – etwa Nationalstaaten oder der EU – oder sich quer zu diesen legen und dann Spannungen zwischen Zonen und konkurrierenden Verräumlichungen erzeugen. Gleichzeitig können einzelne Zonen mit, in anderen Standardisierungen, Zertifizierungen oder Indikatoren der Qualitätssicherung gründenden Verräumlichungsprozessen konkurrieren. Spannungen und Kontroversen entspinnen sich zwischen Vertretern verschiedener Standardisierungen und verwickeln Beteiligte in Auseinandersetzungen darum, welche der sich meist ja ausschließenden Standardisierungen durchsetzen können. So sehen non-konforme oder non-standardisierte Dinge einer Immobilisierung entgegen oder mindestens der Unterbindung ihrer Zirkulierung in andere Zonen hinein. Wie bei anderen Infrastrukturtypen auch, stehen Zirkulation und Abtrennung in einem dialektischen Verhältnis. Gleichzeitig können die sich hier ergebenden Zonierungen die Gültigkeit von Raumformaten oder spezifische Ausgestaltungen von Raumordnungen bestätigen oder unterminieren. So können Zonen der Interoperabilität wissenschaftlicher Ergebnisse Regionalismen befeuern oder die

---

44 Edwards, *A Vast Machine*; Calkins und Rottenburg, „Evidence, infrastructure and worth".
45 Calkins und Rottenburg, „Evidence, infrastructure and worth".
46 A. Barry, „Technological Zones", *European Journal of Social Theory* 9, Nr. 2 (2006): pp. 239 – 53.

dominante Rolle einzelner Akteure in konkreten Raumordnungen festigen, wenn sich deren Standards durchsetzen.

Auch die Architektin Keller Easterling fasst Standards als Elemente einer Infrastruktur, die Zirkulation bedingt.[47] Sie zeigt dies am Beispiel der ISO Standards, die von der gleichnamigen, in der Schweiz ansässigen Firma als Produkt verkauft werden. ISO Standards prägen weit über die Grenzen der Schweiz hinweg, wie bestimmte Produkte aussehen, in welchen Wertschöpfungsketten sie zusammengesetzt oder mobilisiert werden und wie Vertrauen in Qualität hergestellt wird. Dabei stehen Gleichförmigkeit von Produkten und Dienstleistungen, sowie Vertrauen in Qualität auch für global verstreute Akteure im Mittelpunkt. Die Vision ist hierbei die universelle Gültigkeit, deren räumliche Entsprechung das Globale ist.

Easterling argumentiert, dass dieselbe Logik auch im Anlegen von bestimmten Orten am Werk ist. Malls, Sonderwirtschafszonen oder IT Parks erscheinen ihr als von weltweit wirkenden Standards geprägt. Egal wo eine Mall steht, ob in Saudi-Arabien oder in den USA, sie ist schnell als solche erkennbar und unabhängig von der Lokalität ähnelt sich Nutzbarkeit und Erfahrung derselben sehr. Malls lassen sich ohne großen Aufwand replizieren, da sie auf einem bestimmten Standard der Raumgestaltung basieren. Der Standard wirkt dann weniger als präzise Formel oder starres Arrangement, sondern eher als sich selbst updatende Plattform, Raum zu ordnen.[48] Standards sind damit relativ flexible Arrangements von Regeln, Prozeduren und Entscheidungen, die in weit voneinander entfernten Orten und in unterschiedlichen Formen der Staatlichkeit ganz ähnliche urbane Formen, soziale Organisationen und Arbeitsverhältnisse hervorbringen.

Zonen der Interoperabilität entstehen damit sowohl durch Standards, die Räume eröffnen, die über territoriale Grenzen hinweg reichen und Sphären der Zirkulation, der Lesbarkeit und des Vertrauens verkörpern, ebenso wie durch Räume, die innerhalb von Nationalstaaten entstehen, die untereinander nahezu kompatibel sind und stabile Erfahrungen oder nahverwandte Sonderregeln etwa des Wirtschaftens erlauben. Diese Sphären und Zonen stehen in spannungsreichem Verhältnis zum Raumformaten des Nationalstaat, davon zeugen nicht zuletzt soziale Bewegungen, die etwa Freihandelszonen in der Sprache der durch Nationalstaaten verbrieften Arbeitsrechte kritisieren.[49] Gleichzeitig tragen Stan-

---

47 Keller Easterling, *Extrastatecraft: The Power of Infrastructure Space*, London: Verso Books, 2016.

48 Easterling, p. 14.

49 J. Cross, „The Economy of Anticipation Hope, Infrastructure, and Economic Zones in South India", *Comparative Studies of South Asia, Africa and the Middle East* 35, Nr. 3 (2015): pp. 424–37;

dards und Zonenregeln das Potential in sich, eine neue Raumordnung zu be-
stärken oder mitanzulegen. Sollte dem so sein, dann hat das nicht nur viel mit der
Faktizität, die materiellen Infrastrukturen zukommt, zu tun. Vielmehr rührt dies
auch an Beständigkeitserwartungen, sowie das unterstellte Charakteristikum der
Infrastrukturen, in die Zukunft hinein als sedimentierte Vergangenheit zu wirken.
Den darin anklingenden zeitlichen Dimensionen ist der nächste Abschnitt ge-
widmet.

S. Banerjee-Guha, „Accumulation and dispossession: Contradictions of growth and development
in contemporary India", *South Asia: Journal of South Asian Studies* 36, Nr. 2 (2013): pp. 165 – 79.

6 Aufschichtung, Stabilität und Pfadabhängigkeit: Die Zeit der Infrastruktur

Infrastrukturen habe eine zeitliche Dimension. In Fortführung einer nun schon klassischen Strategie der Dingstudien,[50] kann man Biographien von Infrastrukturen schreiben – mithin also ihre Genese, wechselnden Funktionen und Assoziationen nachzeichnen. Die oben erwähnte Strategie der Inversion geht ganz ähnlich vor. Kehren wir noch einmal zu einer der ältesten, wichtigsten und dennoch am wenigsten sichtbaren Infrastrukturen zurück, der urbanen Wasserversorgung. Nur selten wird in Städten ein ganzes Netzwerk an Zuflüssen, Rohren, Reservoirs, Leitungen und Abflüssen gleichsam in einem Stück erbaut. Veränderungen der Wohndichte in einzelnen Nachbarschaften, der Anforderungen seiner Bewohner an Verbrauchsmengen oder hygienische Standards machen kontinuierliche Überarbeitungen und Umbauten des Systems notwendig. Gleichzeitig sorgen modulare Anschlüsse an den urbanisierenden Rändern für die Ausweitung des Systems. Dies erzwingt wiederum nicht nur eine räumliche Ausdehnung des Netzwerkes und eine Erhöhung des Volumens mit dem dies gespeist ist. Vielmehr können derartige Anschlüsse einen Umbau des Systems oder einzelner seiner zentraler Nervenzentren erzwingen, oder auch Neujustierungen einleiten dessen, wer wann wo wieviel des kostbaren Nasses beziehen darf.[51]

Viel häufiger jedoch wurden Versorgungssysteme nacheinander und übereinander errichtet. Diese Systeme wachsen in ähnlich organischer Art und Weise wie die Städte, die sie versorgen. Technische Innovationen – neue Rohrtypen, neue Schützen, neue Dichtungen – werden selten auf das Gesamtsystem angewandt sondern finden dort Anwendung, wo geflickt werden muss. In den Tiefen des Bodens entspannt sich also ein Netzwerk, das wie ein Flickenteppich erscheint, und gleichsam als Archiv technologischer Lösungen gelesen werden kann, das Zeugnis über einen graduellen Prozess des Heranwachsens[52] ablegt. Wenn Infrastrukturen im Sinne Walter Benjamins im „Strom des Werdens" inbegriffen sind, dann stellt sich die Frage, in welchen Rhythmen sie sich entfalten und wie diese Entfaltung die Textur des Raumes beeinflusst, politische Ordnun-

---

50 A. Appadurai, Hrsg., *The Social Life of Things: Commodities in Cultural Perspective*, Cambridge: Cambridge University Press, 1988; D. Miller, Hrsg., *Materiality*, Durham: Duke University Press, 2005.

51 N. Anand, *Hydraulic City: Water and the Infrastructures of Citizenship in Mumbai*, Durham: Duke University Press, 2017.

52 N. Anand, „Accretion", *Fieldsights–Theorizing the Contemporary, Cultural Anthropology Online* 24 (2015).

https://doi.org/10.1515/9783110645620-006

gen abbildet oder untergräbt, und welche Handlungsfelder sich hier eröffnen. Und wie sie schließlich im Prozess der Aufschichtung ihren Charakter verändern.

Dieser Trend kleinteiligen Veränderns, Umformens und Anpassens setzt sich fort, wenn Nutzer klappriger oder ineffizienter Infrastrukturen ihr Geschick gleichsam selbst in die Hand nehmen und eigenmächtig Verbesserungen vornehmen. In Mumbai beispielsweise – wo Wasser knapp ist und gerade marginalisierte Bevölkerungen vom Zugang zu Rohren ausgeschlossen sind, die Wasser zu den Siedlungen besser situierter Bürger spülen[53] – werden Rohranlagen regelmäßig in einem Akt der Piraterie angezapft. Hier hat sich eine Klasse von Dienstleistern herausgebildet, die unautorisierte Zugänge zum Netz legt oder wartet; die innerhäusliche Reservoirs baut und so das Netz erweitert; oder die Druck auf staatliche Bürokratien macht, um bislang nicht angeschlossene Haushalte an das Netz anzubinden.[54] In Südafrika, um ein weiteres Beispiel zu nennen, manipulieren arme Bewohner der Townships die Prepaid Endgeräte, die die Stromversorgung ihrer Häuser freischalten, oder unterbrechen angelegte Anbindungen als Moment politischen Protests.[55] Zusammengenommen formen die offiziellen und inoffiziell tätigen Klempner, die Mittelsmänner und Bastler das Angesicht des Versorgungsystems. Sie tun dies in vielen Megacities des Südens in einem Maßstab und mit einer Allgegenwart, die Ingenieure und Bürokraten zwingt, die sich ergebenden ‚Verluste' fest in ihre Planungen miteinzubeziehen.

Jenseits technokratischer Visionen und jenseits des Reißbrettes haben sich Infrastrukturen also Gemengelagen äußerst heterogener Elemente erwiesen, die aufgeschichtet werden und sich beständig wandeln. In vorangegangenen Abschnitten des Essays war die Rede von Artefakten, Normen und Imagination, von tektonischen Platten, Wäldern und Algen oder Bakterien. Nun könnte man darüber streiten, ob nicht letztlich die Menschen alle diese heterogenen Bestandteile dirigieren – sie aneinanderbinden und, einer Vision entsprechend, in eine bestimmte Form gerinnen und gemeinschaftlich arbeiten lassen. Eine solche androzentristische Perspektive läuft Gefahr, die Bedeutung nicht-menschlicher Dinge und Prozesse für die Entstehung von Infrastrukturen zu unterschätzen. Theorien, die die Bedeutung nicht-menschlicher Dinge für die Form des Sozialen untersuchen, nutzen gerne die Begrifflichkeit der Gefüge (*assemblage*), um Verschränkungen heterogener Akteursklassen zu fassen. In vielen Fällen ruhen Ge-

---

53 S. Graham und S. Marvin, *Splintering Urbanism: Networked Infrastructures, Technological Mobilities and the Urban Condition*, London: Taylor & Francis, 2002.

54 Anand, *Hydraulic City*; Matthew Gandy, „Landscapes of disaster: water, modernity, and urban fragmentation in Mumbai", *Environment and planning. A* 40, Nr. 1 (2008): p. 108.

55 A. van Schnitzler, „Traveling Technologies: Infrastructure, Ethical Regimes, and the Materiality of Politics in South Africa", *Cultural Anthropology* 28, Nr. 4 (2013): pp. 670–93.

füge – und insbesondere global wirksame – auf Infrastrukturen.[56] Letztere können die Reichweite der Assemblage bestimmen, sowie die Form der Beziehungen zwischen in Assemblagen zusammengefassten disparaten Elementen prägen. Eine Klasse der Vernetzung disparater Elemente baut also auf einer anderen auf. Eine Möglichkeit, hier zu unterscheiden, verweist auf zeitliche Dimensionen. Denn wenn Infrastrukturen, wie eben gezeigt, inbegriffen sind im „Fluss des Werdens", so richten sich doch Erwartungen an sie, lange zu überdauern.

Der Begriff der Assemblage beschreibt – so die Philosophen Gilles Deleuze und Félix Guattari[57] – Ganzheiten, die sich aus Beziehungen zwischen vielfältigen und weitverstreuten Elementen ergeben. Tania Li etwa beschreibt spezifische Formen der Forstwirtschaft als derartige Gefüge. Ihr Beispiel sind Programme der nachhaltigen Forstwirtschaft durch örtliche Gemeinden (*community forest management*), die in den 1990ern in der internationalen Entwicklungshilfe stark in Mode kamen.[58] Bäume, Regelungen, Forstarbeiter, Sägen, Zertifikationen und Entwicklungshilfegelder wurden verschränkt und beschrieben Handlungsfelder. Das Gefüge verfolgte ein Ziel,[59] und zwar intaktere Wälder zu schaffen und dem Umweltschutz verschriebene Waldbewohner zu unterstützen. Es half, Besitz, Hoheit und Zugangsrechten zu Wäldern neu zu ordnen und die betroffenen Landschaften zu reterritorialisieren.

Gilles Deleuze und Félix Guattari betonen das Flüchtige und Heterogene dieser Ganzheiten. Ihnen[60] ist eine Assemblage eine „... Zunahme von Dimensionen in einer Mannigfaltigkeit, deren Natur sich zwangsläufig in dem Maße verändert, in dem ihre Konnexionen sich vermehren." Wirksam im Jetzt, können sie rasch zerfallen oder sich zerstreuen und ihre Elemente in andere Beziehungen eingehen, andere Gefüge bilden. So wie indonesische Waldwirtschaftsformen in Folge der Neuausrichtungen internationaler Entwicklungszusammenarbeit schnell andere Formen annehmen können.

Im Unterschied dazu sind Infrastrukturen vergleichsweise langlebig, selbst dann, wenn sie nicht aus starren Materialien geformt und hochgradig flexibel

---

56 S.J. Collier und A. Ong, „Global Assemblages, Anthropological Problems", in A. Ong und S. J. Collier (Hrsg), *Global Assemblages: Technology, Politics, and Ethics as Anthropological Problems*, Malden, MA: Wiley-Blackwell, 2004, p. 11.
57 G. Deleuze und F. Guattari, *Tausend Plateaus: Kapitalismus und Schizophrenie*, Berlin: Merve-Verlag, 1992.
58 T.M. Li, „Practices of assemblage and community forest management", *Economy and society* 36, Nr. 2 (2007): pp. 263–93.
59 M. Müller, „Assemblages and Actor-networks: Rethinking Socio-material Power, Politics and Space", *Geography Compass* 9, Nr. 1 (2015): p. 29.
60 Deleuze und Guattari, *Tausend Plateaus*, p. 18.

sind. Ebenso, und damit verbunden, besteht die Erwartung, dass Infrastrukturen als Form stabil bleiben – dass sie erkennbar sind, egal wo man sie vorfindet, und dass sich ihre Natur nicht ändert.

Weiterhin kann man Assemblagen und Infrastrukturen in Bezug auf ihre Funktionsweise voneinander unterscheiden. Während Assemblagen in einem breiten Spektrum sozialer Praxis Anwendung finden,[61] sind Infrastrukturen speziell darauf ausgerichtet, Zirkulation und Mobilität zu ermöglichen.

Doch zurück zur Zeitlichkeit von Infrastrukturen. Diese sind auch geprägt von Aufschichtungen und Überlagerungen. Infrastrukturen operieren oft im Tandem mit anderen Infrastrukturen. So ist es kein Zufall, dass Hochbahntrassen in urbanen Ballungszentren des 19. und 20. Jahrhundert entlang Kanälen oder breiten Straßen gebaut werden. Letztere fungierten hier als Wege durch Häuserschluchten, die den Aufwand, Trassen zu verlegen oder Wohnsiedlungen umzulegen minimierten. Rohrleitungen der Wasserversorgung folgen häufig dem Straßennetz und um Zugang zum Internet oder mobilen Surfen zu erhalten, bedarf es einer stromgebundenen Infrastruktur. Schließlich erleichtern Indikatoren der Qualitätssicherung die Zirkulation von Dingen und Befunden, erstellen Zonen der Zirkulation und der Kommensurabilität. Aufeinander aufbauende Infrastrukturen formen Kaskaden und sedimentieren den Raum in der Zeit. Heute verlegte Infrastrukturen reichen in die Zukunft hinein, eröffnen kompatiblen Infrastrukturen die Möglichkeit, aufzusatteln, und lassen andere Infrastrukturen scheitern. In einem gewissen Grad zeichnen sie also zukünftige Arrangements, Entwicklungen und alltagspraktische Handlungen vor und unterwerfen sie als überdauernde Gebilde die Zeit und den Raum einer Pfadabhängigkeit. Dies hat Folgen für Verräumlichungen; als langlebige Formen erscheinen Infrastrukturen als probates Mittel, Verräumlichungsprozesse auf Dauer zu stellen, Raumformate durchzusetzen und Raumordnungen zu zementieren.

---

61 A. Ong und S.J. Collier, Hrsg., *Global Assemblages: Technology, Politics, and Ethics as Anthropological Problems*, Malden, MA: Wiley-Blackwell, 2004.

7 Verknüpfung und Abschottung

Infrastrukturen sind in eine Dialektik von Verbindung und Abschottung einge-
bunden und sind so ein zentraler Gegenstand für moderne Formen des Regierens.
Dies ist im Anschluss an Michel Foucaults Schriften zur Biopolitik[62] herausgear-
beitet worden. So argumentiert Stuart Elden, dass die Bevölkerung nicht der
einzige Gegenstand von Biopolitik ist, also eines auf Optimierung hin ausge-
richteten Regierens. Vielmehr ist das Territorium selbst zentraler Gegenstand der
Biopolitik. Es ist – so Elden[63] – „mehr als einfach nur Land, sondern ... ‚Raum' als
politische Kategorie: besessen, verteilt, kartiert, kalkuliert, begrenzt und kontrolliert." Mit Elden umfasst die Biopolitik des Territoriums also u. a. Techniken
der Sicherung und der Kontrolle.[64] Beide Facetten beruhen auf Infrastrukturen.

Grenzanlagen schaffen Territorien und verankern diese in alltäglicher Erfahrung.[65] Sie sind Materialisierung kartographischer Visionen und setzen als
Gefüge aus Gebäuden, Spezialisten, Gesetzen, Verfahrensweisen, Technologien
und Praktiken die Gesamtheit der Außenräume von Innenräumen ab. Sie regu-
lieren den Fluss von Menschen, Dingen und Ideen zwischen Außen und Innen
indem sie ihn engführen und durch Portale leiten, die von erhöhter Aufmerk-
samkeit und Kontrolle geprägt sind.[66] Infrastrukturen artikulierten so eine Dop-
pelwelt, zementieren institutionell eng überwachte Übergänge zwischen der Welt
der Einen zu der der Anderen und gestalteten die Beziehung der beiden Welten
hierarchisch. Sie bringen eine räumliche Ordnung hervor, die von Unebenheit,
Ungleichheit und verschiedentlichen Anschlüssen mit jeweils unterschiedlicher
Reichweite und Alltagserfahrung geprägt sind.

Grenzsysteme sind heute auch selbst entgrenzt: Kontrolle und Überwachung
sind losgelöst von Grenzlinien, da Grenzkontrollen heute tief im Innenland (wie
an Bahnhöfen) und bereits lange vor einer möglichen Einreise (Einreisezentren)

---

62 M. Foucault, *Sicherheit, Territorium, Bevölkerung: Vorlesung am Collège de France, 1977–1978*,
Michel Sennelart und Claudia Brede-Konersmann (Hrsg.), Frankfurt am Main: Suhrkamp, 2004.
63 S. Elden, „Governmentality, calculation, territory", *Environment and Planning D* 25, Nr. 3
(2007): p. 578. Die Übersetzung aus dem Englischen ist meine.
64 Siehe dazu auch T. Lemke, „New Materialisms: Foucault and the 'Government of Things'",
Theory, Culture & Society 32, Nr. 4 (2015): pp. 3–25.
65 S. Klepp, *Europa zwischen Grenzkontrolle und Flüchtlingsschutz: Eine Ethnographie der See-
grenze auf dem Mittelmeer*, Bielefeldt: transcript Verlag, 2014; J. Cons, *Sensitive Space: Fragmented
Territory at the India-Bangladesh Border*, Seattle: University of Washington Press, 2016.
66 siehe beispielsweise M. Maguire, „Counter-terrorism in European airports", in M. Maguire, C.
Frois und Nils Zurawski (Hrsg.), *The Anthropology of Security: Perspectives from the Frontline of
Policing, Counter-Terrorism and Border Control*, London: Pluto Press, 2014, pp. 118–39.

https://doi.org/10.1515/9783110645620-007

unternommen werden.[67] Dies ist letztlich kein historisches Novum, sondern Fortentwicklung jener Tendenz modernen Regierens, Territorium und Bevölkerung an Knotenpunkten im Innenland zu kontrollieren. „Plätze, Märkte, Straßen, Brücken und Flüsse", schreibt Pasquale Pasquino,[68]„dies sind die kritischen Punkte im Territorium, die die Polizei hervorhebt und kontrolliert." Infrastrukturen, die zunächst als Gegenteil offenkundiger politischer Regulation erscheinen,[69] werden zu Nervenbahnen und Instrumenten der Stabilisierung und Optimierung von Territorium und Bevölkerung.

Die zuvor beschriebenen infrastrukturellen Kluften (*infrastructural gap*) werden durch infrastrukturelle Blockaden komplementiert. Letztere rücken die Gemachtheit, Kontingenz und die ihnen innewohnende Gewalt deutlich ins Licht. Ebenso unterstreicht die Rede von Blockaden jene Gleichzeitigkeit von Verflüssigung und Immobilisierung oder mindestens die Engführung und Ausrichtung von Flüssen, und somit die raummachenden Dimensionen von Infrastrukturen. Sie bestimmen die Innen- und Außenräume und die Fließgeschwindigkeit an Übergangszonen und Brüchen. Schließlich unterziehen Infrastrukturen solche Räume einer fortlaufenden Verräumlichung – die als Projekt stets voranschreitet, immer unfertig ist. In anderen Worten, indem sie verflüssigen und blockieren, machen Infrastrukturen Raumformate, wie etwa das des Nationalstaats deutlich erfahrbar und verleihen ihnen den Anschein der Unausweichlichkeit. Gleichzeitig werden die Art, Ausdehnung und konkrete Ausgestaltung der Fliessräume und Blockaden selbst zum Gegenstand intensiv geführter politischer Auseinandersetzungen. Die Konflikte um europäische Grenzpolitik, mit ihren Grenzanlagen, Checkpoints, Lagern und Instrumenten der Fernüberwachung, verdeutlichen dies.

In allen Fällen tragen Infrastrukturen räumliche Ordnungen in das Erleben der Menschen ein, machen diese zum Normalfall und zum Gegenstand von Reibungen. Die Dialektik von Verknüpfung und Abschottung schafft Fliessräume voll gelenkter Strömungen und gerichteter Mobilität. Auf diese Weise vermögen In-

---

67 A. M'charek, „Beyond Fact or Fiction: On the Materiality of Race in Practice", *Cultural Anthropology* 28, Nr. 3 (August 2013): pp. 420–42; A. M'charek, K. Schramm und D. Skinner, „Topologies of Race: Doing territory, population and identity in Europe", *Science, Technology & Human Values* 39, Nr. 4 (1. Juli 2014): pp. 468–87.

68 P. Pasquino, „Theatrum Politicum: The Genealogy of Capital – Police and the State of Prosperity", in G. Burchell, C. Gordon und P. Miller (hrsg.), *The Foucault Effect: Studies in Governmentality: With Two Lectures by and an Interview with Michel Foucault*, Chicago: University of Chicago Press, 1991, p. 111. Meine Übersetzung.

69 C. Mukerji, „The Territorial State as a Figured World of Power: Strategics, Logistics, and Impersonal Rule", *Sociological Theory* 28, Nr. 4 (2010): p. 403.

frastrukturen räumliche Ordnungen zu verstetigen, Raumformate zu institutio-nalisieren und zum Gegenstand normalisierter Erfahrung machen.

8 Schluss

Dieser Essay erschließt aktuell rege geführten Debatten über Infrastrukturen für die Raumforschung. Als materiell äußerst heterogene Gebilde sind Infrastrukturen Vehikel gesellschaftlichen Raum-Machens. Sie untermauern und verfestigen Siedlungsstrukturen, bringen Zentren und Peripherien miteinander in Austauschverhältnisse oder beschreiben Zonen intensivierten Transfers. Raum-Machen durch Infrastrukturen beruht auf einer Dialektik der Verflüssigung und Blockade. Infrastrukturen setzen nicht nur in Bewegung und verknüpfen, sie schließen immer auch aus, trennen ab und verhindern Bewegungen. Und gleichzeitig vermitteln oder überbrücken Akteure entstehende Kluften, oder unterwandern sie sogar oder erstellen etwas, das man ‚Gegeninfrastrukturen' nennen könnte.

Für die Frage nach Verräumlichungen und deren Verstetigung ist dies von Belang. Denn die Verflüssigung selbst ist, wie gezeigt wurde, Moment der Umschreibung und Einschreibung von Projekten der Verräumlichungen. Territorien werden zusammengezurrt durch Infrastrukturprojekte wie Trassen, Datenaustauschstrukturen oder Standardisierungen. Und Territorien werden sichtbar als Fliessräume, die abgesondert sind von anderen Fliessräumen und selbst eingegliedert sind in übergreifende Formationen der Verflüssigung und Blockade. In diesem Sinne können Infrastrukturen Verräumlichungen hin etwa zu Raumformaten verstetigen und diese in Raumordnungen einbetten helfen. Sie sind Vehikel dieser Ordnungsprozesse, wenn sie Wahrnehmungsmuster, Verständigungsprozesse oder Institutionalisierungen untermauern – in meist unspektakulärer, dennoch allgegenwärtiger Art und Weise.

Wenn es stimmt, dass Infrastrukturen Prozesse der Verräumlichung als materiell vielgestaltige Gebilde voranbringen, dann begründet dies die Ausweitung des Analyserahmens. Denn dann wird es notwendig, in den Blick zu nehmen, wie materielle Verschränkungen ihre Kapazität entwickeln, das Reden, Wahrnehmen und Handeln von Raumunternehmern zu beeinflussen. Und wenn es stimmt, dass Infrastrukturen beständigem Wandel unterworfen sind und dennoch als überdauernd gelten, dann kann dies nur als weitere Begründung gelten, temporäre Dimensionen des Raum-Machens zu untersuchen. Und zwar entlang folgender Achsen: Entstehen und Werden; Anschlüsse, Blockaden und Zonierungen in der Gegenwart; sowie deren Sedimentierung der Zukunft durch Prozesse des Zusammenzurrens und Zonierens. Die Strategie, Infrastrukturen als Ding, Zeichen und Tun zu denken, wird hier hilfreich. Denn in der Zusammenschau erlauben die Perspektiven, Infrastrukturen dem Grund des gleichsam Gegebenen zu entreißen, und sie als außergewöhnliche und außergewöhnlich wirksame Gebilde zu denken.

https://doi.org/10.1515/9783110645620-008